TRABAJOS QUE QUIEREN LOS NIÑOS

¿QUÉ SIGNIFICA SER MECÁNICO?

CHRISTINE HONDERS

New York

Published in 2020 by The Rosen Publishing Group, Inc.
29 East 21st Street, New York, NY 10010

Copyright © 2020 by The Rosen Publishing Group, Inc.

All rights reserved. No part of this book may be reproduced in any form without permission in writing from the publisher, except by a reviewer.

First Edition

Translator: Ana María García
Editor, Spanish: Natzi Vilchis
Book Design: Michael Flynn

Photo Credits: Cover, p. 1 Westend61/Getty Images; pp. 4, 6, 8, 10, 12, 14, 16, 18, 20, 22 (background) Apostrophe/Shutterstock.com; p. 5 Mint Images/Getty Images; p. 7 FrameStockFootages/Shutterstock.com; pp. 9 (mechanic), 13 Lemusique/Shutterstock.com; p. 9 (engine) Pro3DArtt/Shutterstock.com; p. 11 welcomia/Shutterstock.com; p. 15 bondvit/Shutterstock.com; p. 17 Peathegee Inc/Blend Images/Getty Images; p. 19 goodluz/Shutterstock.com; p. 21 SeventyFour/Shutterstock.com; p. 22 simm49/Shutterstock.com.

Cataloging-in-Publication Data

Names: Honders, Christine.
Title: ¿Qué significa ser mecánico? / Christine Honders.
Description: New York : PowerKids Press, 2020. | Series: Trabajos que quieren los niños | Includes glossary and index.
Identifiers: ISBN 9781725305724 (pbk.) | ISBN 9781725305748 (library bound) | ISBN 9781725305731 (6pack)
Subjects: LCSH: Motor vehicles—Maintenance and repair–Vocational guidance—Juvenile literature. | Mechanics (Persons)—Juvenile literature.
Classification: LCC TL152.H66 2020 | DDC 629.28'7023—dc23

CPSIA Compliance Information: Batch #CSPK19. For Further Information contact Rosen Publishing, New York, New York at 1-800-237-9932.

CONTENIDO

¿Quién va a arreglar el auto?. 4
Expertos en máquinas 6
¿Qué es un motor?. 8
Mecánicos de autos 10
Herramientas de trabajo 12
En el taller 14
Días largos y difíciles 16
Requisitos para ser mecánico. 18
Otras aptitudes importantes 20
Pasión por las máquinas 22
Glosario. 23
Índice 24
Sitios de Internet. 24

¿Quién va a arreglar el auto?

Probablemente te ha pasado: estás listo para ir a algún lugar y tus padres dicen que ¡el auto no arranca! Entonces, ¿qué hacen? Lo llevan al mecánico. Los mecánicos arreglan los autos dejándolos como nuevos.

Expertos en máquinas

Los mecánicos son expertos en **máquinas**. Utilizan herramientas especiales para arreglarlas. Saben cómo desmontar o desarmar las diferentes partes y localizar dónde está la avería. Después, reparan la parte averiada y la vuelven a colocar en su lugar.

¿Qué es un motor?

Un motor es una máquina que convierte el combustible en **energía** para funcionar. Un motor de auto utiliza gasolina como combustible. El motor produce pequeñas **explosiones** que ¡convierten la gasolina en energía! Esa energía es lo que hace funcionar el auto.

Mecánicos de autos

La mayoría de los mecánicos son expertos en arreglar autos. Reparan todo tipo de **vehículos**. También los **revisan** para asegurarse de que funcionan de manera segura. Algunos mecánicos son especialistas en reparar determinadas partes de los vehículos, como los frenos. Otros solo trabajan con motocicletas o camiones tráiler.

Herramientas de trabajo

Los mecánicos utilizan herramientas manuales, como destornilladores, o desarmadores, y llaves inglesas. También tienen algunas especiales que funcionan con **presión de aire**. ¡Pueden ajustar tornillos más fuerte y más rápido que nadie! Los autos de hoy tienen computadoras incorporadas. Las herramientas electrónicas les permiten detectar cualquier problema.

En el taller

El taller de un mecánico debe tener luces potentes y buena **ventilación**. Los mecánicos trabajan en espacios abiertos llamados *fosos*, o sanjaz, que pueden ser muy calurosos en verano y muy fríos en invierno. Los mecánicos trabajan todo el día con motores y partes llenas de grasa. Para ellos ¡es imposible mantenerse limpios!

Días largos y difíciles

Los mecánicos trabajan muchas horas. A menudo trabajan noches y fines de semana. También pueden lastimarse trabajando. Manipulan motores calientes y herramientas afiladas. Se pueden quemar, cortar o golpear las manos; también pueden hacerse daño cuando levantan partes pesadas de los vehículos.

Requisitos para ser mecánico

Los mecánicos necesitan terminar la escuela secundaria. Tomar clases de computación y electrónica ayuda. Después, deben completar un programa de formación en mecánica automotriz. La mayoría debe hacer prácticas por un año antes de pasar el examen que los convertirá en mecánicos **certificados**.

Otras aptitudes importantes

Los mecánicos son hábiles con las manos. Reparan piezas pequeñas y también saben resolver problemas. Prestan atención a los detalles para encontrar la avería. Además, saben tratar a las personas y escuchan atentamente; explican lo que está mal y cómo van a repararlo.

Pasión por las máquinas

Si te apasionan las máquinas y no te importa ensuciarte, ser mecánico es una opción. No solo es un buen trabajo, sino que también es muy bueno saber de mecánica. Así, si tu auto no arranca, ¡puedes arreglarlo tú mismo!

GLOSARIO

certificado: que posee la formación especial necesaria para un tipo de trabajo.

energía: potencia necesaria para trabajar o actuar.

explosión: estallido repentino y ruidoso, acompañado de calor.

máquina: dispositivo con partes móviles que realiza algún tipo de trabajo cuando se le suministra energía.

presión de aire: fuerza creada por el aire comprimido en un recipiente pequeño.

revisar: mirar de cerca, con atención y cuidado.

vehículo: aquello que se utiliza para transportar personas u objetos.

ventilación: forma de disponer de aire fresco.

ÍNDICE

A
arreglar, 4, 6, 10, 22
auto, 4, 8, 10, 12, 22

C
computación, 18
computadora, 12

D
destornillador, 12

F
foso, 14

H
herramienta, 6, 12, 16

L
llave inglesa, 12

M
máquina, 6, 8, 22, 23
motocicleta, 10
motor, 8, 14, 16

R
reparar, 6, 10, 20

SITIOS DE INTERNET

Debido a que los enlaces de Internet cambian constantemente, PowerKids Press ha creado una lista de sitios de Internet relacionados con el tema de este libro. Este sitio se actualiza con regularidad. Por favor, utiliza este enlace para acceder a la lista:
www.powerkidslinks.com/JKW/mechanic